Hannelore Linse

Adventsschmuck
aus der Natur

Kosmos

Die kalte Jahreszeit ist auch die Zeit der Vorfreude auf Weihnachten.

Eine ausgefallene Idee: Dieser Adventskalender ist mit „Schriftrollen" gefüllt.

Inhalt

Apfelmännchen – adventlicher Tischschmuck mit Pfiff

Natürliche Werkstoffe und Hilfsmittel

Schätze aus der Natur

Auf einem Spaziergang werden Sie nicht nur schönen Bastelmaterialien für Adventsschmuck begegnen, sondern auch so mancher Kindheitserinnerung.

Vor der Reife: Haselnüsse

HERBSTLAUB BEKENNT FARBE

Wenn es Herbst wird, dann zeigen sich die Laubbäume von ihrer farbenprächtigsten Seite. Der Ahorn (*Acer*) taucht seine Blätter in herbstliches Rot und Gelb. Fast zur gleichen Zeit färbt sich der Essigbaum (*Rhus typhina*) rot.

Nicht nur die Weinrebe (*Vitis vinifera*), auch der Wilde Wein (*Parthenocissus quinquefolia*) läßt manches Herz höher schlagen. Das Farbspiel ist so attraktiv, daß es sich der Mühe lohnt, diese Blätter zu sammeln.
Der Überlebenskünstler Ginkgo (*Ginkgo biloba*) – er ist der einzige noch lebende Vertreter seiner Familie – beschert uns im Herbst ei-

Nußknacker im „Paradies"

Weihnachtsmärkte haben eine gemütliche Atmosphäre.

Natur im Herbst: Fundgrube für natürliche Werkstoffe

Farbenfrohes Blättersortiment: große Auswahl zum Basteln

nen wahren „Goldregen". Seine Blätter sind auch grün interessant.
Ganz unterschiedlich gestaltet sich das Laub der verschiedenen Eichen. Bei der Scharlacheiche (*Quercus coccinea*) verrät schon der Name, daß sich die Blätter im Herbst scharlachrot färben. Sie eignen sich gut für adventliche Arbeiten, denn sie

Seidenkiefer: gut geeignet als Bindegrün

Wacholder – Bindegrün mit spitzen Nadeln

sind fest und haben zugleich eine schöne Form. Der Perückenstrauch (*Cotinus coggygria*) hat zweierlei Gesichter. Einmal kennt man ihn im grünen Kleid und einmal im weinroten als 'Royal Purple'. Letzterer ist das ganze Jahr über purpurrot. Sein Laub wirft er erst spät ab und ist deshalb ein Nachzügler im Herbst. Es lohnt sich aber, auf ihn zu warten.

EVERGREENS BEI DEN IMMERGRÜNEN

Nun begegnet man bei seinen Streifzügen durch die Natur nicht nur Gehölzen, die im Herbst das Laub färben und abwerfen, sondern auch den sogenannten „immergrünen" Laubgehölzen. Der bekannteste Vertreter ist der Buchs (*Buxus sempervirens*). Er dient in Bauerngärten häufig als Begrenzung von Blumen- und Kräuterbeeten. In der Vorweihnachtszeit sind Buchszweige begehrte Artikel für Gebinde.

Ein weiterer Vertreter der Immergrünen ist der Efeu (*Hedera helix*). Er ist eine Kletterpflanze und wächst häufig an Bäumen oder Mauern empor. Schaut man genauer hin, fällt auf, daß seine Blätter unterschiedlich geformt sind: Am Boden sind sie handförmig gelappt, weiter oben dagegen zugespitzt eiförmig. Die schwarzblauen Beeren verhelfen den Efeublättern zu noch größerer Wirkung.

Auch die Stechpalme (*Ilex aquifolium*) hat sehr attraktive Blätter. Sie glänzen auf der Oberfläche und setzen in adventlichen Werkstük-

Flechten sind ein schönes Stimmungselement.

Moos lohnt es zu sammeln.

ken festliche Akzente. Besonders schön sieht die Stechpalme aus, wenn sie im Herbst rote Beeren trägt. Aber Vorsicht: Die ganze Pflanze ist sehr giftig.
Die Mahonie (*Mahonia aquifolium*) ist ein recht robuster Strauch, der festes Laub und wunderschöne Rotfärbungen hervorbringt – und genau das macht sie für adventliche Arbeiten so wertvoll.

HARTE NÜSSE

Von jeher haben Nüsse ihren festen Platz in der Adventsbinderei. Walnüsse (*Juglans regia*) sind zum Ausschmücken von Kränzen gut geeignet. Ob sie naturbelassen oder vergoldet verwendet werden, hängt vom jeweiligen Werkstück und auch vom persönlichen Geschmack ab.
In unseren Gärten und an den Wegrändern wächst häufig auch der Haselstrauch (*Corylus avellana*). Haselnüsse haben besonders harte Schalen. Sie sitzen in kleinen Büscheln zusammen und schauen schon im späten Sommer neugierig aus ihren Hüllen heraus. Möchten Sie die Nüsse nicht einzeln, sondern in Büscheln verarbeiten, sollten Sie sie schon Ende August – in unreifem Zustand – ernten. Sobald sie nämlich reif sind, lösen sich die Nüsse aus ihrer Hülle und fallen zu Boden.
Wie Walnüsse und Haselnüsse versprechen auch Maronen oder Eßkastanien (*Castanea sativa*) kulinarische Genüsse, meist jedoch in warmem Zustand. Das tropfenförmige Aussehen, die matt glänzende Schale und die feinen „Nadelstreifen" verleihen dieser Edelkastanie ein vornehmes Erscheinungsbild.
Bei der Roßkastanie (*Aesculus hippocastanum*) ist das etwas anders. Sie glänzt zwar viel stärker als die Marone, wirkt dafür aber etwas behäbiger.

WILDE FRÜCHTE

Vorbei an Hecken und an Wegrändern leuchtet einem das satte Rot der Hagebutten schon von weitem entgegen. Hagebutten bringen Farbe in den Adventsschmuck – genau wie die dunkelroten Beeren des Weißdorns (*Crataegus*). Sie ähneln kleinen Kirschen und hängen meist in kleinen Gruppen beisammen.
Auch die blauen Beeren der Schlehe (*Prunus spinosa*) stellen eine Bereicherung des Sortiments dar.
Äpfel (*Malus domestica*) sind ein fester Bestandteil der Vorweihnachtszeit. Neben

Scharlacheichen machen ihrem Namen alle Ehre.

So sehen die Blätter nach dem Trocknen aus.

den wilden Sorten gibt es zahlreiche Formen des Zierapfels.
Sobald im Herbst die Blätter fallen, können sich die Zapfen der Schwarzerle (*Alnus glutinosa*) nicht mehr verstekken. Sollen sie noch grün in den Adventsschmuck eingearbeitet werden, muß man die Zweige schon im Sommer schneiden.
Das gilt auch für die Früchte des Ahorns (*Acer*). Sie sehen, wenn sie noch grün geerntet werden, getrocknet wunderschön aus.

WILLKOMMENE GÄSTE

Fast unzählig ist die Anzahl der Hortensienarten (*Hydrangea*). Ebenso vielfältig ist auch die Form ihrer Blüten. Doch eins haben alle Hortensienarten gemeinsam: Ihre Blütenstände lassen sich gut trocknen.

TIP: Sammeln Sie die Blütenstände der Hortensien zum Trocknen nicht zu zeitig. Sie sollten voll ausgereift sein.

Die Lampionblume (*Physalis alkekengi*) macht ihrem

Schätze aus dem herbstlichen Garten

Namen alle Ehre: Ihre orangeroten Früchte sehen aus wie kleine Laternen. Manchem Werkstück tut es gut, wenn ihm ein Lampion mitgegeben wird.
Zitrusfrüchte (*Citrus*), Zimt (*Cinnamomum verum*) und Anis (*Pimpinella anisum*), Olive (*Olea europaea*) und Eukalyptus (*Eucalyptus globulus*) sind bei uns nicht heimisch. Doch dank der modernen Transportmittel gelangen diese Exoten aus südlichen Ländern in frischem Zustand zu uns. Sie riechen angenehm und lassen sich gut mit manchem heimischen Material kombinieren.

SAMMELN MIT RÜCKSICHT

Die Liste der Blätter, Früchte und anderen Schmuckelemente ließe sich noch weiter fortsetzen. Ihrer eigenen Kreativität sind hier keine Grenzen gesetzt.
Wenn Sie die Materialien in der Natur sammeln gehen, sollte der Schutz der Natur immer an oberster Stelle stehen: Sammeln Sie nicht mehr, als Sie wirklich benötigen. Unter Schutz gestellte Pflanzen sind tabu. In Naturschutzgebieten ist jede Entnahme von Pflanzen grundsätzlich verboten.

VOM UMGANG MIT DEN SCHÄTZEN

Die gesammelten Blätter müssen vor der Verarbeitung zunächst getrocknet werden. Dazu breitet man Zeitungspapier aus und legt dann Blatt für Blatt mit der Unterseite zur Zeitung darauf aus. Das hat den Vorteil, daß die Blätter während des Trocknungsprozesses „arbeiten" können, das heißt, sie wellen sich. Das verleiht ihnen einen sehr natürlichen, individuellen Ausdruck.
Immergrüne Pflanzen, wie Efeu und Buchs, werden frisch verwendet, also erst dann gesammelt, wenn man sie braucht.

TIP: Getrocknete Pflanzenteile verblassen, wenn sie direkter Sonnenbestrahlung ausgesetzt sind. Lagern Sie sie deshalb vor Sonne geschützt.

Knackpunkte harter Schalen

Bei der Ernte von Früchten ist es wichtig, genau den richtigen Zeitpunkt abzupassen. Sie sollen gut ausgereift sein, aber noch keinen

Wertvolle Helfer für die adventlichen Arbeiten

Frost abbekommen haben. Die meisten Nüsse – vor allem größere – müssen vor der Verarbeitung an der Luft getrocknet werden. Sie schimmeln sonst leicht. Das gilt z.B. für die Walnuß, nicht dagegen für die Haselnuß.
Wer selbst schon mit Kastanien gespielt und gebastelt hat, der weiß, wie hart eine

trockene Kastanie ist. Deshalb sind Kastanien schwierig zu verarbeiten. Aber mit einem Trick kann man das Problem leicht lösen: Man versieht die frischen Kastanien mit zwei Drähten, die man tief ins Innere der Frucht steckt. Diese Drähte dienen dann später zur Befestigung. Es besteht aber auch die Möglichkeit, die trockenen Kastanien mit Heißkleber zu befestigen.

UTENSILIEN ZUM BASTELN

Das Basteln von Adventsschmuck ist nicht sehr aufwendig, schon mit wenigen Hilfsmitteln kommen Sie vollkommen aus.

GIFTIGE PFLANZEN

Deutscher Name	Giftiger Pflanzenteil	Grad der Giftigkeit
Buchsbaum	Blätter, Früchte	++
Efeu	ganze Pflanze	+
Eibe	ganze Pflanze, außer rotem Samenmantel, Kern aber giftig!	+++
Mahonie	ganze Pflanze, außer Beeren	+
Pfaffenhütchen	ganze Pflanze	++
Roßkastanie	unreife Früchte, grüne Schale	(+)
Scheinzypresse	ganze Pflanze	+
Stechpalme	ganze Pflanze	++
Wacholder	ganze Pflanze	+++

Besser auf Draht
Für einen Adventskranz benötigt man zunächst einen Reifen als Grundgerüst. Handelt es sich um einen großen Kranz, verwendet man einen Weidenreifen. Für kleinere Kränze nimmt man einen Drahtring.
Um einen Kranz oder eine Girlande zu binden, verwendet man **Wickeldraht** der Stärke 6,5 oder 7. Dieser Draht ist in zweierlei Ausführungen erhältlich: blau geglüht oder grün ummantelt. Für Adventskränze eignet sich der blau geglühte, für Türkränze und Tischgirlanden empfiehlt sich dagegen der grün ummantelte. **Myrtendraht** ist etwas dünner und ebenfalls grün ummantelt. Er ist ideal für zierlichere Werkstücke aus empfindlichen Materialien. **Steckdraht** ist blau geglüht und stabiler. Er wird in Bündeln angeboten und ist in verschiedenen Stärken erhältlich. Die Stärke richtet sich nach Gewicht und Größe des zu befestigenden Materials.
Im Unterschied zum Steckdraht ist **Stützdraht** grün ummantelt und wird nur bis zu einer Stärke von maximal 10 verwendet. Er wird meist zum Andrahten von Bändern und Kordeln eingesetzt.

Handgezogene Kerzen werden in Ständern präsentiert.

Heiß und klebrig
Um den natürlichen Ausdruck eines Werkstücks mit getrocknetem Herbstlaub, mit Mandeln oder Beeren zu unterstreichen, kommt man ohne die Heißklebepistole kaum aus, denn diese Materialien sind sehr empfindlich und lassen sich

Gefährliche Schönheit – die Stechpalme

Pfaffenhütchen sind giftig.

Signalfarbe: Eibenfrüchte

nicht mit Draht befestigen. Es ist jedoch Vorsicht geboten: Die Pistole sollte auf keinen Fall in Kinderhände geraten! Der heiße Klebstoff kann sehr schmerzhafte Brandwunden verursachen.

KERZEN UND BÄNDER

Ein Licht geht auf

Was wäre der Advent ohne Kerzen? Die Auswahl im Handel ist sehr groß. Einige Begriffe sollen Ihnen den Einkauf erleichtern. **Spitz- oder Peitschenkerzen** nennt man Kerzen, die schlank sind und sich nach oben verjüngen. **Stabkerzen** sind überall gleichmäßig dünn. Die kurzen, dickeren **Stumpenkerzen** finden meist bei Adventskränzen Verwendung. Soll die Kerze auch duften, sind Bienenwachskerzen sehr zu empfehlen.

TIP: Kerzen lassen sich besser bei Zimmertemperatur andrahten. Das Wachs ist dann weicher.

Gebunden und gewunden

Das Binden ist unmittelbar mit dem Begriff „Band“ verknüpft. Das bedeutet zugleich, daß es nur dann sinnvoll ist, Bänder und Kordeln einzusetzen, wenn sie die Funktion des Bindens oder Umwindens auch tatsächlich erfüllen. Sie sollten also kein Allheilmittel sein, um die Lükken eines Werkstücks zu verbergen. Außerdem sollten Material, Machart und Farbe der Bänder und Kordeln einen Bezug zu dem Werkstück haben.

Kleine Kollektion von Bändern und Kordeln

Adventskränze für schöne Stunden

Advent, Advent, ein Lichtlein brennt

Der Adventskranz ist heute vor Weihnachten in fast jedem Haushalt zu finden. Der Schein seiner Kerzen lädt zu Ruhe und Besinnung ein.

Hinrich Wichern, der „Erfinder“ des Adventskranzes

Bereift: Schwarzerle mit Zäpfchen

Lawsons Scheinzypresse

Tief verschneit: winterliche Hüttenromantik

Zunächst eine Wulst auf den Reifen binden

Zweige dachziegelartig aufeinander legen

FÜR JEDEN TAG EIN LICHT

Es war keine heile oder friedliche Atmosphäre, in der die Idee des Adventskranzes geboren wurde. Aber sein Urheber Johann Hinrich Wichern, ein evangelischer Theologe, war ein Mensch, der Wärme und Geborgenheit in die Kinderherzen legen wollte. Er begründete 1833 das „Rauhe Haus" in Hamburg, ein Waisenhaus. Im Jahre 1838 hängte Wichern im Speisesaal erstmals einen großen Holzreif auf, den er mit 23 Kerzen bestückte – für jeden Tag vom 1. bis 23. Dezember eine. Ab 1851 schmückte Wichern die Wände des Saals mit grünen Zweigen. Weitere neun Jahre später dekorierte er auch den Holzreif mit Bindegrün, und anstelle der 23 Kerzen gab es vier dicke, weiße und 20 dünne, rote Kerzen.
Von dieser Ausführung des Adventskranzes sind heute nur noch vier Kerzen für die vier Wochen im Advent übriggeblieben. Der Holzreif ist völlig von dauerhaftem Grün umschlossen.

KRANZBINDEN VON DER PIKE AUF

Für gewöhnlich wird ein Adventskranz gebunden. Dazu benötigt man einen Reifen als Grundgerüst, Bindegrün und Wickeldraht.

Bindegrün hinter den Verzweigungen abschneiden

Zum Schluß den Adventskranz schließen

Pflanzenschmuck mit Heißkleber befestigen

Zuerst schneidet man das Bindegrün zurecht. Die Schnittstellen liegen dabei hinter den Verästelungen, so wie es in der Zeichnung links dargestellt ist.

Der Kranz

Die Dicke des Kranzkörpers soll zur Kranzöffnung etwa im Verhältnis 1:2 stehen. Außerdem soll der Kranz halbrund gewölbt sein. Es erleichtert einem die Sache, wenn man zunächst eine sogenannte „Wulst" fertigt. Dazu bindet man etliche dünne Zweige auf den Drahtreifen.
Anschließend können Sie mit dem eigentlichen Kranz beginnen. Zuerst legt man die Richtung fest, in die sich der Kranz „drehen" soll, das heißt die Ausrichtung der Zweigspitzen. Man bindet einen Adventskranz immer gegen den Uhrzeigersinn. Die Zweigspitzen verlaufen dann im Uhrzeigersinn. Die Zweige werden beim Binden dachziegelartig aneinander gelegt.
Legen Sie die Zweige, die nach außen gerichtet sind, schräg nach unten an, so daß sie, wenn der Kranz liegt, die Unterlage berühren. Zur Mitte hin stehen die Zweige leicht nach oben abgewinkelt. Innen schmiegen sie sich eng an die

Jetzt kann die Adventszeit beginnen.

Wulst an. Da der äußere Umfang des Kranzes größer ist, müssen dort mehr Zweige eingebunden werden als in der Mitte oder innen. Der Übergang zwischen Anfang und Ende des Kranzes soll möglichst nahtlos sein. Dazu drückt man die Zwei-

Unter der stacheligen Schale stecken Eßkastanien.

ge des Anfangs mit Mittel-, Ring- und kleinem Finger nach hinten und schafft dadurch mehr Freiraum zum Binden. Die Zweigenden des Grüns liegen nun seitlich auf der Wulst. Wenn das letzte Loch geschlossen ist, fädelt man den Wickeldraht noch einmal über die erste Bindestelle. Das Drahtende verankert man von unten her in der Wulst.

TIP: Lagern Sie Ihr Bindegrün im Freien. Dort bleibt es am längsten frisch.

Der Eßkastanienbaum ist üppig mit Früchten behangen.

Kerzen, Kastanien und Co.

Nun ist der Kranz fertig gebunden und kann ganz nach Belieben ausgeschmückt werden. Zuerst befestigt man die Kerzen. Dazu steckt man von unten drei Steckdrähte in jede Kerze. Für dünne Kerzen verwendet man Drähte der Stärke 12, für dickere Drähte der Stärke 14. Wenn Sie das Drahtende über einer Flamme erhitzen, läßt es sich leichter in die Kerze einführen. Zwei der drei Steckdrähte schneidet man so lang ab, daß sie im Kranz Halt finden, ohne jedoch unten herauszuschauen. Der dritte Draht bleibt dagegen so lang, daß man ihn durch den Kranz durchstecken, umbiegen und das Ende in der Wulst sichern kann. Auf diese Weise bekommt die Kerze die nötige Standfestigkeit.
Wie üppig Ihr Adventskranz geschmückt wird, dürfen Sie selbst entscheiden. Der Eibenkranz (*Taxus*

baccata) auf Seite 15 ist mit Blättern und Früchten dekoriert, die in Farbe und Stil zu den weinroten Spitzkerzen passen. Sie betonen die Wirkung der Kerzen. Die Verteilung der Blätter und Früchte ist von der Anordnung der Kerzen abhängig. Zuerst werden die Walnüsse (*Juglans regia*) mit der Klebepistole befestigt, zwei neben jeder Kerze. Auf der gegenüberliegenden Seite der Kerze „versteckt" man je eine Kastanie. Rote Robinienschoten (*Robinia pseudoacacia*) „balancieren" am Rand des Adventskranzes. Ahornblätter (*Acer*) sitzen mal hinter den Kerzen, mal in den Zwischenräumen.

Fächerahorn: Das Laub läßt sich gut trocknen.

TIP: Bringen Sie den Schmuck des Adventskranzes - seien es Blätter, Früchte oder Ähnliches - nicht zu dicht an den Kerzen an. Sonst fängt er, haben die Kerzen schon des öfteren gebrannt, leicht Feuer.

KLASSIKER IN ROT UND GRÜN

Der klassische Adventskranz ist aus Tannengrün gebunden und trägt rote Kerzen. Zu dieser Art zählt - trotz einiger Abweichungen - auch der auf den Seiten 12 und 13 abgebildete Kranz. Er besteht aus Muschelzypresse (*Chamaecyparis obtusa* 'Nana gracilis'), Efeu (*Hedera helix* 'Arborescens') und Buchs (*Buxus sempervirens*). Zwar paßt die Verwendung von Muschelzypresse und Immergrünen statt des traditionellen Tannengrüns nicht ganz in das Bild des klassischen Adventskranzes, doch die Grüntöne sind sehr nahe miteinander verwandt. Die roten Stumpenkerzen stehen tonangebend über dem Grün. Die Atmosphäre wird wesentlich durch die Kombination der verschiedenen Früchte mit den Baumpilzen geprägt.
Binden Sie zunächst den Kranzkörper. Fügen Sie das

Nüsse und Kastanien: schön in Adventsschmuck

GEEIGNETE NADELGEHÖLZE ZUM BINDEN

Deutscher Name	Botanischer Name
Atlaszeder	*Cedrus atlantica 'Glauca'*
Blaufichte	*Picea pungens 'Glauca'*
Eibe	*Taxus baccata*
Fichte, Serbische	*Picea omorika*
Himalajazeder	*Cedrus deodara*
Muschelzypresse	*Chamaecyparis obtusa 'Nana gracilis'*
Nordmannstanne	*Abies nordmanniana*
Säulenwacholder, Blauer	*Juniperus squamata 'Blue Star'*
Scheinzypresse, Lawsons	*Chamaecyparis lawsoniana*
Seidenkiefer	*Pinus strobus*
Wacholder, Gemeiner	*Juniperus communis*
Wacholder, Weißblauer	*Juniperus squamata 'Meyeri'*
Waldkiefer	*Pinus sylvestris*
Weißtanne	*Abies alba*
Zuckerhutfichte	*Picea glauca 'Conica'*

Bindegrün dabei stets in der gleichen Reihenfolge aneinander. Die Kerzen werden – wie bereits beschrieben – mit Steckdraht befestigt. Anschließend wird der Kranz ausgeschmückt. Fixieren Sie dazu die Haselnüsse (*Corylus avellana*) mit Heißkleber paarweise bei den Kerzen. Dann werden die Baumpilze plaziert: unterhalb der Kerzen die etwas größeren, an der Innenseite des Kranzes dazu leicht schräg versetzt die kleineren. Die dritte im Bunde ist die Schwarzerle (*Alnus glutinosa*). Um ihre Früchte zu befestigen, muß man behutsam vorgehen, denn die dünnen Stielchen sind recht zerbrechlich. Dieser Adventskranz ist nicht mit einem Band verziert, man vermißt es aber auch nicht. Denn das leichte Federn der Erlenzweige übernimmt hier die Rolle, die sonst ein Band spielt. Das muß für Sie aber kein Grund sein, auf ein Band zu verzichten.

KÖNIGLICHES BLAU FÜR FESTLICHE MOMENTE

„Blau ist die Farbe der Könige", heißt es. Diese Redensart spiegelt der in Blautönen gehaltene Adventskranz auf Seite 19 deutlich wider. Er strahlt eine besonders festliche Atmosphäre aus. Bei diesem Kranz sind nicht nur die Kerzen blau, sogar die verwendeten Nadelgehölze – Weißblauer Wacholder (*Juniperus squamata 'Meyeri'*) und Serbische Fichte (*Picea omorika*) – haben einen Blaustich. Bei näherer Betrachtung merkt man, daß es bei den Koniferen unterschiedliche Farbabstufungen gibt. Das Farbspektrum reicht vom leuchtenden Gelbgrün bis zum gedämpften Blaugrün.
Der Kranzkörper wird so gefertigt, daß sich beide Arten von Bindegrün immer miteinander abwechseln.
Die einzelnen Wedel der Serbischen Fichte dürfen nicht zu lang sein, sonst wird schnell ein kleiner „Struwwelpeter" aus dem Kranz. Der Wacholder trägt mitunter auch einige braune Zweige. Entfernen Sie diese vor dem Verarbeiten.
Und noch etwas: Am Anfang passiert es leicht, daß der Kranz etwas aus der Form gerät. Spielen Sie dann nicht Frisör, indem Sie versuchen, den gebundenen Kranz zu beschneiden. Trennen Sie das Stück lieber wieder auf, denn die Schnittstellen sehen häßlich aus.

Ein Adventskranz in Blau wirkt besonders festlich.

Eine Schleife binden

Wäre dieser Kranz lediglich mit den blauen Stumpenkerzen geschmückt, sähe er recht düster aus. Deshalb muß man hier ein wenig nachhelfen.
Besonders attraktiv wirken z.B. Schleifen. Das hier gewählte Schmuckband paßt gut zu den Kerzen. Um eine Schleife zu binden, nimmt man das Schmuckband zwischen den Daumen und den Zeigefinger der linken Hand und legt ein Ende des Bandes – in der gewünschten Länge – nach hinten. Nun legt man mit dem anderen Ende des Bandes eine Schlaufe nach vorne und hält sie zwischen Daumen und Zeigefinger fest. Eine zweite Schlaufe legt man nach hinten und hält sie ebenfalls zwischen den Fingern

Die himmlische Schar

fest. Mit einer Schere schneidet man das Band genauso lang ab wie das andere Ende. Dort, wo Daumen und Zeigefinger das Band halten, windet man einen Steckdraht um das Band, verdreht die Drahtenden unterhalb der Schleife zweimal miteinander - fertig ist die Schleife.
Sie wird ähnlich wie eine Kerze im Kranz befestigt. Man führt den Steckdraht von oben durch den Kranzkörper, biegt ihn um und steckt das Ende von unten in die Wulst.

Dieser Adventskranz ist in warmen Farben gehalten.

Genügsam: Schwarzkiefer

Essigbaum im Herbst

Mit Gold verbrämt

Auch Nüsse beleben den Adventskranz, besonders wenn sie - wie die Walnüsse und die Haselnüsse - vorher vergoldet wurden. Zum Vergolden taucht man die Nüsse einfach in Goldbronze. Die Goldglasur verleiht den Haselnüssen zusätzlich Halt in ihren Hüllen. Walnüsse und Haselnüsse werden mit Heißkleber befestigt.

WÄRME UND RUHE MIT WEINROT

Ein Adventskranz mit weinroten Kerzen strahlt Wärme und Ruhe aus (Abb. oben). Der Kranzkörper wird aus Schwarzkiefer (*Pinus nigra*), Serbischer Fichte (*Picea omorika*) und Efeublättern (*Hedera helix*) gebunden. Dann werden die weinroten Stumpenkerzen befestigt. Schleifen in der gleichen Farbe verstärken den Ausdruck der Kerzen. Kastanien schmücken die Außen- und die Innenseite des Adventskranzes. Die schlanke Blattform des Essigbaumes (*Rhus typhina*) wirkt sehr elegant. Ordnen Sie die Blätter so an, daß sie um die Kastanien „herumzutanzen" scheinen. Da die Serbische Fichte schon als Bindegrün verwendet wurde, fügen sich ihre Zapfen ganz natürlich in den Adventskranz ein.

ADVENTSKRANZ MIT SCHWUNG

Ein Adventskranz, der sich außerhalb des Üblichen bewegt, ist auf Seite 23 abgebildet. Grundlage dieser Arbeit ist ein aus Weinreben (*Vitis vinifera*) gewundener Kranz. Ein wenig Geduld ist erforderlich, bis sich die steifen Ruten ineinander verschlingen lassen. Mit Naturbast können Sie den Widerspenstigen ein wenig Einhalt gebieten und sie an zwei Punkten zusammenbinden. Anstelle der Weinreben eignen sich auch Ranken von Waldrebe (*Clematis vitalba*), Waldgeißblatt (*Lonicera periclymenum*) oder Zweige der Trauerweide (*Salix alba 'Tristis'*).
Die Rebzweige haben eine symbolische Bedeutung. Sie stellen eine Verbindung zu Jesus her. „Ich bin der Weinstock, ihr seid die Reben", sagt Jesus einmal zu seinen Jüngern.
Anschließend werden Zweige von Schlehe (*Prunus spinosa*) und Hundsrose (*Rosa canina*) in den Kranz eingearbeitet. Verkeilen Sie sie zwischen den Weinreben, und befestigen Sie sie nur bei Bedarf mit Heißkleber. Die Stacheln der Schlehen- und Rosenzweige stehen sinnbildlich für die beschwerlichen Umstände, von denen die Ankunft Jesu begleitet war. Gleichzeitig tragen die Rosenzweige Hagebutten, die Früchte der Liebe. Sie sind ein Symbol dafür, daß Jesus auf die Welt kam, um die Menschen zu erlösen und ihnen den Frieden zu bringen. Fügen Sie mit Heißkleber einige Blätter des Wilden Weins ein, um noch einmal Bezug auf Jesus zu nehmen. Zum Schluß windet man ein schmales, rotes Satinband um die Arbeit. Es soll den Vorgang des Windens hervorheben. Dann stellt man noch vier Kerzen dazu.

SCHLEHENTEEPUNSCH

Zutaten für 4 Personen:
3 TL schwarzer Tee
½ l Wasser
¼ l Schlehensaft (aus dem Reformhaus)
50 g Zucker
Saft einer halben Orange

Zubereitung:
Teeblätter in eine vorgewärmte Kanne geben und mit kochendem Wasser überbrühen. Tee 4 Minuten ziehen lassen und abgießen. Den Tee mit Schlehensaft, Zucker und Orangensaft in einen Topf geben. Bis kurz vor dem Siedepunkt erhitzen und dann in Teegläser füllen.

Punsch – genau das Richtige für die kalte Jahreszeit

Lange Nadeln: Seidenkiefer

WILLKOMMENS-GRUSS DER SKANDINAVIER

In der Adventszeit ist es in Skandinavien Brauch, Türkränze außen an der Haustüre zu befestigen. Der Türkranz signalisiert, daß Gäste herzlich willkommen sind und daß man gerne Advent feiern möchte.

Ohne Wulst geht's besser
Zwischen Türkranz und Adventskranz gibt es gravierende Unterschiede. Der klassische Türkranz setzt sich - überspitzt formuliert - aus zwei Hälften zusammen. Jede Hälfte beginnt oben sehr schlank. Deshalb ist es ratsam, keine Wulst zu binden, sondern direkt auf den Drahtreifen zu arbeiten. Darüber hinaus ist der Türkranz im Querschnitt flacher als der Adventskranz. Er wirkt optisch deshalb leichter.

Ein „Unterrock" schafft Abhilfe
Normalerweise wird ein Türkranz an eine Türe gehängt, sonst wäre es kein Türkranz. Die Folge: Jedesmal, wenn die Türe auf und zu geht, schwingt auch der Türkranz hin und her. Dabei scheuert er an der Türe - und das vier Wochen lang. Damit die Haustüre keinen Schaden nimmt, zieht man dem Kranz am besten einen „Unterrock" an. Dafür gibt es

zwei Möglichkeiten: Während Sie den Kranz herstellen, können Sie auf der Unterseite gleichzeitig einige Zweige von Nadelgehölzen mit aufbinden - aber nur so viele, wie unbedingt erforderlich sind, um Drahtring und Wickeldraht zu überdecken. Der „Unterrock“ darf nicht zum „Petticoat“ werden.

Einfacher ist es, den fertigen Kranz auf der Rückseite mit festen Blättern, Stoff oder Band zu bekleben. Sollten Sie Blätter verwenden, so ist es konsequent, sie - genau wie die Zweige auf der Vorderseite des Türkranzes - dachziegelartig anzuordnen.

Der Kranz aus Weinreben ist sparsam ausgearbeitet.

Der krönende Abschluß

Dort, wo sich die beiden Kranzhälften treffen, gibt es noch ein wenig zu tun. Um die Lücke dazwischen zu schließen, kann man eine schöne Schleife in der Mitte binden. Haben Sie sich die Mühe gemacht, beim Binden Beeren und Zapfen mit einzuarbeiten, dann nutzen Sie sie auch dazu, die Nahtstelle zu schließen.

Klassischer Türkranz: adventlicher Willkommensgruß

Münchner Christkindlmarkt: Genuß für Auge, Nase und Gaumen

Girlanden verleihen den Buden eine festliche Note.

Tischgirlanden verschönern den gedeckten Tisch.

Über Nacht hat der Winter die Bäume weiß eingekleidet.

Wie Säulen – Zypressen

Verschneites Glockenspiel aus dem Erzgebirge

Girlande – das grüne Band

Festlicher Schmuck für Tisch und Tür

Girlanden gehören zu einer Weihnachtsmarktbude einfach dazu. In Haus und Wohnung verbreiten sie eine festliche Atmosphäre.

FORMENREICHTUM AM LAUFENDEN BAND

Girlanden gibt es in den verschiedensten Ausführungen. Hinsichtlich ihrer Form unterscheidet man drei Arten von Girlanden.

Halbrunde Girlande
Die typische Form des „grünen Bandes" ist die halbrunde Girlande. Wie der Name schon verrät, wird das Bindegrün so angeordnet, daß die Girlande im Querschnitt halbkreisförmig ist. Das hat den Vorteil, daß sich diese Girlanden schön um eine Säule, einen Pfeiler oder einen Torbogen legen lassen.

Blaufichte mit Zapfen

Die antike Girlande hat einen Schwerpunkt.

Vollrunde Girlande
Mit etwas mehr Aufwand - auch an Material - ist die Fertigung einer vollrunden Girlande verbunden, denn dabei müssen Sie das Bindegrün nach allen Seiten gleichmäßig anlegen. Achten Sie darauf, daß die Oberseite der Blätter oder Zweige immer nach außen gerichtet ist. Das ist zwar eigentlich selbstverständlich, doch im Eifer des Gefechts kann solch ein Fehler schon einmal passieren.

Antike Girlande
Die antike Girlande wird von der Mitte aus zu den Enden hin gearbeitet. Ähnlich wie beim Türkranz verändert sich der Durchmesser der Girlande, und zwar verjüngt er sich zu den Enden hin kontinuierlich.

„NADELSTREIFEN" MIT SYSTEM

Girlanden unterscheiden sich aber nicht nur in ihrer Form, sondern auch in ihrer Bauweise, also in der Art und Weise, wie das Material aneinandergefügt wird. Fachleute sprechen in diesem Zusammenhang von „Reihung".

Stetige Reihung
Bei der sogenannten „stetigen Reihung" wird nur eine Sorte von Bindegrün verarbeitet. Es wird stets in der gleichen Größe und im gleichen Abstand aneinandergefügt.

Reihung mit Schwerpunkt
Denken Sie noch einmal an die antike Girlande zurück.

Sie ist ein Paradebeispiel für die Reihung mit Schwerpunkt. Der Schwerpunkt muß allerdings nicht immer - wie bei der antiken Girlande - in der Mitte liegen, er kann auch exzentrisch plaziert werden. Im Extremfall ist er am Anfang oder am Ende der Girlande angesiedelt.

Rhythmische Reihung

Es gibt noch eine dritte Form der Reihung, die rhythmische Reihung. Dabei geht es etwas lebhafter zu als bei der stetigen Reihung. Eine Folge verschiedener Materialien bestimmt den Ausdruck. Diese Folge, das sogenannte „Intervall“, wiederholt sich vom Anfang bis zum Ende der Girlande. Der Rhythmus bleibt immer der gleiche.

Die Girlande kann sich z.B. im Walzertakt „drehen“. Der 3/4-Takt kommt zustande, wenn man drei verschiedene Materialien, etwa Weißtanne, Buchsbaum und eine Zypressenart, miteinander kombiniert und immer in der gleichen Reihenfolge anordnet.

Muschelzypresse – Kostbarkeit unter den Koniferen

TIP: Fertige Girlanden lagern Sie am besten - ähnlich wie auch das Bindegrün - im Freien. So bleiben sie länger frisch.

Der klassische Weihnachtsbaum – die Weißtanne

KINDERLEICHTE BINDETECHNIK

Eine Girlande bindet man im Prinzip genau wie einen Adventskranz. Der Unterschied in der Technik besteht lediglich darin, daß es sich bei einer Girlande nicht um eine in sich geschlossene Form handelt. Folglich benötigt man als Grundgerüst auch keinen Drahtring, sondern vielmehr eine Schnur, die den Leitfaden darstellt. Die Stärke der Schnur richtet sich nach dem Gewicht der Girlande.

Girlande in stetiger Reihung

Schöner „Rahmen" aus Fichte und Efeu

TIP: Im Normalfall genügt eine Paketschnur als „Richtschnur".

Alles was Sie darüber hinaus noch an Werkzeug und Hilfsmitteln brauchen, beschränkt sich auf eine Gartenschere und Wickeldraht. Sind Sie am Ende der Girlande angelangt, haben Sie mehrere Möglichkeiten, den Schluß zu gestalten. Sie können sich damit behelfen, das Ende der Girlande mit einer Kordel oder einem Band zu umwickeln und die Bindestellen auf diese Weise verschwinden zu lassen. Eine elegantere Lösung ist es aber, die letzten Zentimeter in entgegengesetzter Richtung zu binden. Eine dritte Möglichkeit besteht darin, das Ende mit einer Schleife zu schmücken.

AUSDRUCK DER VORFREUDE

„Vorfreude ist die schönste Freude", sagt man. In Erwartung irgendeines schönen Ereignisses läßt sich manch einer zu Dingen verleiten, die ihm sonst vielleicht gar nicht so wichtig erscheinen. Was ist die Adventszeit anderes als eine Zeit der mit Vorfreude erfüllten Erwartung des Weihnachtsfestes. Diese Vorfreude kann man Nachbarn und Mitmenschen auf ganz einfache Art mitteilen: Man kann – wie es in Skandinavien Brauch ist – einen schönen Türkranz an der Haustür anbringen. Aber auch eine Girlande kann als Adventsschmuck dienen.

Rahmen für den Eingang

Eine Girlande macht sich an jeder Haustüre gut und verleiht dem Eingang ein vorweihnachtliches Antlitz. Nehmen Sie z.B. Blaufichte (*Picea pungens 'Glauca'*), Serbische Fichte (*Picea omorika*) und Efeu (*Hedera helix*), und fertigen Sie daraus eine Girlande in rhythmischer Reihung, indem Sie diese drei Elemente stets in gleicher Folge anordnen (Abb. links). Die rhythmische Reihung ist etwas abwechslungsreicher als die stetige Reihung. Besonders attraktiv sieht es aus, wenn der Efeu Früchte trägt.

Rote Schleifen lockern die strenge Form auf. Besitzt Ihre Haustüre Verstrebungen oder Eisenstäbe, bringen Sie die Schleifen so an, daß Sie die Girlande gleichzeitig damit an der Türe festbinden können.

So einfach läßt sich jedoch nicht an jeder Türe eine Girlande befestigen. Besonders schwierig wird es bei Metalltüren, denn dort kann man nicht einmal einen Haken festschrauben. In solchen Fällen helfen dann nur noch Hilfsmittel wie Heißkleber oder Klebebänder.

Um Teller und Tassen

Die Vorfreude soll aber nicht vor der Haustüre Halt machen. Auch das ganze Haus soll von ihr erfüllt sein. Die Vorfreude äußert sich nicht nur darin, daß das Haus geputzt und geschmückt wird. Zu dieser Vorfreude gehört auch etwas Gutes zu essen und zu trinken. Aber auch der Tisch soll schön gedeckt sein. Und dazu ist eine Girlande wie geschaffen.

Eine solche Tischgirlande sollte schmal gearbeitet sein, damit sie sich gut integrieren läßt.

Bei der unten abgebildeten Tischgirlande handelt es sich um eine Reihung, deren Schwerpunkt ganz am Ende liegt. Am Anfang ist die Girlande aus Efeu (*Hedera helix*) und Buchs (*Buxus sempervirens*) noch schlank und nimmt zum Ende hin immer mehr an Umfang zu. Entsprechend lassen sich die Früchte des Pfaffenhütchens (*Euonymus europaeus*) erst nur vereinzelt blicken, dann aber werden die roten Tupfen immer

Bei dieser Tischgirlande liegt der Schwerpunkt am Ende.

Girlande in rhythmischer Reihung

vorwitziger und treten zum Schwerpunkt der Girlande hin schließlich sehr selbstbewußt auf.

TIP: Tischgirlanden wirken nicht so streng, wenn Sie sie in Bogenform oder in Schlangenlinien hinlegen.

Saubere Arbeit

Wenn Sie sich die Mühe machen und eine Girlande für den Tisch binden möchten, dann ist es gut, wenn Sie einige Kleinigkeiten beachten:
Binden Sie immer mit einem ummantelten Draht, damit keine Rostflecken in die Tischdecke kommen.
Auch manche Beeren können übrigens Flecken hinterlassen. Bei feinen, dünnen Girlanden verwenden Sie möglichst keinen Wikkel-, sondern Myrtendraht. Er ist zur Herstellung zierlicher Werkstücke besser geeignet.
Sind Kinder unter Ihren Tischgästen, dann vermeiden Sie jegliche Art von giftigen Früchten.
Denken Sie auch daran, daß eventuell eine Spinne, die im warmen Zimmer aus ihrem Winterschlaf erwacht, aus dem Adventsschmuck krabbeln und manchem den Appetit verderben könnte.

DA OBEN, DA LEUCHTEN DIE STERNE ...

Zählen Sie zu den glücklichen Menschen, die einen Vorgarten besitzen? Falls ja, können Sie auch diesen Raum nutzen, um Advent zu feiern. Diese Idee können Sie auch sehr gut gemeinsam mit Ihren Kindern umsetzen.
Verwandeln Sie Ihren Vorgarten in eine kleine Milchstraße, und stellen Sie dort Sterne auf. Besonders lustig sieht es aus, wenn Sie zwei größere Vater- und Muttersterne mit einer entsprechenden Anzahl kleinerer Kindersterne umgeben. Eine Girlande verleiht Ihrer Sternenfamilie die vorweihnachtliche Note.

Jedem ein Sternlein

Besorgen Sie sich zuerst Sperrholz, Holzstäbe, Leim, Farbe und Schrauben.
Zeichnen Sie sich mit dem Bleistift einen Stern auf das Holz auf, und schneiden Sie ihn mit einer Stichsäge aus. Dürfen Ihnen Ihre Kinder bei dieser Arbeit zur Hand gehen, dann greifen Sie lieber zu einer Laubsäge. Sie ist leichter zu handhaben. Dann sägt man auch für die übrigen Familienmitglieder je einen Stern aus – in der Größe dem Alter der Personen entsprechend.

GIRLANDEN UND ALTE BRÄUCHE

Nicht nur in der Vorweihnachtszeit spielt die Girlande eine Rolle. Früher wurden an großen Festtagen Türen oder auch Bilder von Girlanden umrahmt.
Bei Hochzeiten fanden vor allem Myrte und Buchsbaum in Girlanden Verwendung. Zu Fronleichnam schmückten Girlanden aus Tannen- und Fichtenzweigen die Häuser. Zum Erntedankfest wurden Fruchtgirlanden gebunden.

In der Nacht leuchten die Sterne am Himmel, bei den Holzsternen muß man mit Farbe etwas nachhelfen. Gelber oder goldener Lack sind dafür gut geeignet. Dann ist die Sternenfamilie auch abends noch gut zu sehen.
Wenn Sie lieber Sterne aus rohem Holz aufstellen möchten, dann müssen Sie beim Einkauf des Holzes schon die richtige Wahl treffen. Das Holz sollte nach Möglichkeit schön gemasert und feuchtigkeitsbeständig sein.

Sterne auf „Stelzen"

Um die Größenunterschiede der einzelnen Sterne deutlicher hervorzuheben, montiert man sie auf unterschiedlich lange Stäbe: die Sterne für die Erwachsenen auf längere, die für die Kin-

der auf kürzere Stäbe. Die einfachste Methode ist es, die Sterne mit Nägeln an den Stäben zu befestigen. Besser ist es jedoch, die Sterne anzuleimen. Dazu fräst man einen Schlitz in jeden Stab und fixiert die Sterne mit Leim darin.
Die dritte Möglichkeit ist eine Schraubverbindung. Man bohrt zwei Löcher, eins quer durch den Stab und eins durch eine Sternspitze. Dann verbindet man beide Teile mit einer Schraube und einer Mutter. Die Verbindung ist stabiler, wenn man Stab und Stern an zwei Stellen miteinander verschraubt. Die Schraubverbindung hat den Vorteil, daß die Sterne nach den Feiertagen abmontiert werden und bis zum nächsten Jahr platzsparend aufbewahrt werden können.

Der letzte Akt
Die Arbeit, die bis jetzt angefallen ist, können Sie schon etliche Wochen vor der Adventszeit erledigen. Die Girlande sollten Sie jedoch nicht zu früh anfertigen. Schließlich verarbeiten Sie hier lebendiges Material, und das ist nur begrenzt haltbar. Aus welchem Material und in welcher Form Sie Ihre Girlande binden, bleibt ganz Ihnen überlassen.
Am letzten Tag im November ist es endlich soweit: Stecken Sie die Sterne in Ihrem Vorgarten in die Erde, und schlängeln Sie die Girlande wie bei einem Maibaum um die Stäbe. Damit sich die Girlande aber überhaupt schlängeln kann, befestigt man sie mit Wickeldraht an den Schrauben, die Stern und Stab zusammenhalten. Oder man schlägt Nägel in das Holz und bindet die Girlande mit Wickeldraht daran fest.

Idee für den Vorgarten: Sternenfamilie aus Holz

Der Advent steckt voller Überraschungen.

Unterwegs nach Weihnachten

Adventskalender einmal anders

Geheimnisse hinter verschlossenen Türen

Nicht nur Kindern, auch Erwachsenen kann man mit einem Adventskalender eine große Freude machen. Mit Spannung wird der nächste Morgen erwartet, um ein neues Türchen zu öffnen und nachzuschauen, was sich dahinter verbirgt.

Die meisten herkömmlichen Adventskalender enthalten entweder Schokolade, oder hinter den Türchen verstekken sich bunte Bilder. Das ist aber noch lange nicht alles, womit man Adventskalender füllen kann. In der Natur können wir uns viele Anregungen holen - nicht nur was den Inhalt, sondern auch was die Bestandteile des Adventskalenders betrifft.

FÜR JEDEN TAG EIN SÄCKLEIN

Da Sie das Girlandenbinden nun schon nahezu perfekt beherrschen, wird es Ihnen nicht mehr schwerfallen, den Grundstock für den auf Seite 35 abgebildeten Adventskalender zu legen. Binden Sie aus Blaufichte (*Picea pungens 'Glauca'*), Schwarzkiefer (*Pinus nigra*) und Efeublättern (*Hedera helix*) eine Girlande in rhythmischer Reihung. Fügen Sie einige vergoldete Ginkgoblätter (*Ginkgo biloba*) in die Girlande ein. Sie beleben das Bild.
Basteln Sie anschließend die Papiersäckchen für die Überraschungen, insgesamt 24 Stück. Nehmen Sie dazu z.B. selbst verziertes Packpapier.

Sehen – wahrnehmen – begreifen

Durch die vielen Reize, denen unser Auge jeden Tag ausgesetzt ist, ist es schwer geworden, einzelne Dinge bewußt wahrzunehmen. Im Advent ist Gelegenheit, sich dafür Zeit zu nehmen. Und dazu soll dieser Adventskalender auch anregen.
In den Säckchen versteckt man verschiedene Schätze aus der Natur, die es wert sind, sie genauer zu betrachten. Einmal enthüllt, werden sie zu diesem Zweck - und auch als Schmuckelement - wieder an der Girlande aufgehängt.

Herkömmlicher Adventskalender

Leckerbissen für gemütliche Stunden

Advent – Zeit der Ruhe und Besinnung

TIP: Falls Ihre Hausgenossen sehr neugierig sein sollten, füllen Sie die Säckchen erst kurz vor dem Überraschungsmoment.

Packen Sie in eines der Säckchen einen schönen Fichtenzapfen (*Picea abies*). Mit ihm kann man ein kleines Experiment durchführen: Zuerst bindet man den Zapfen an die Kordel des Päckchens und taucht ihn dann in Wasser. Schon schmiegen sich die Zapfenschuppen eng aneinander und lassen keine Zwischenräume. Ist der Fichtenzapfen getrocknet, spreizen sich die Schuppen bald wieder ab.

Das gleiche Experiment läßt sich einige Tage später wiederholen, wenn ein Zapfen der Schwarzkiefer (*Pinus nigra*) aus dem Säckchen schlüpft oder ein Zapfen der Blaufichte (*Picea pungens 'Glauca'*) zum Vorschein kommt.

Hagebutten sind von jeher ein beliebter Schmuck für die Winterzeit. Verstecken Sie deshalb auch einige in Ihren Säckchen.

Äpfel sind sehr eng mit dem Advent verbunden. Vielleicht haben Sie die Möglichkeit, schöne rotbackige Weihnachtsäpfel aufzutreiben.

Auch Nüsse und Mandeln eignen sich sehr gut als Überraschungen.

Das gleiche gilt für Ginkgoblätter. Schauen Sie sich die Blätter einmal näher an. Sie haben weder Haupt- noch Nebenadern, wie es für Laubbäume eigentlich charakteristisch ist. Laubbaum oder Nadelbaum – das ist beim Ginkgo die Frage. Hier streiten sich die Experten.

Goldene Verwandlungskünstler

Mit etwas Goldspray können Sie Zapfen und Blätter vergolden und ihnen auf diese Weise ein völlig neues Erscheinungsbild geben. Der direkte Vergleich von vergoldeten und nicht vergoldeten Zapfen und Blättern macht die Verwandlung noch offensichtlicher.

TURNSTANGE FÜR NIKOLAUSE

Oft wird beklagt, daß die Adventszeit alles andere als eine besinnliche Zeit ist. Ein

Im „Alter" trägt Efeu schöne Früchte.

Ginkgo im Herbst: goldene Blätter

Was mag wohl in den Säckchen drin sein?

Adventskalender, wie er auf den Seiten 36 und 37 abgebildet ist, soll Ihnen dabei helfen, der vorweihnachtlichen Hektik zu entfliehen und Muße zu finden. Mit verschiedenen Aktivitäten können Sie sich die Adventszeit nach Ihren eigenen Vorstellungen gestalten. Das ist besonders dann schön, wenn die ganze Familie daran teilnimmt.

Aktivitäten planen

Besorgen Sie sich einen Zweig der Korkenzieherhasel (*Corylus avellana 'Contorta'*). Er dient als Turnstange für die Nikolause. Nikolausfiguren, z.B. aus Stoff, Holz oder Pappe, sind in Schreibwaren- und Geschenkartikelläden erhältlich. Sie können sie natürlich auch selber herstellen. Befestigen Sie die Figuren mit Heißkleber an dem Zweig.
Darüber hinaus benötigen Sie 24 Schachteln. Darin werden alle Utensilien verstaut, die man für die Aktivitäten braucht. Die Größe der Schachteln ist also variabel und ganz vom jeweiligen Tagesprogramm abhängig. Notfalls können Sie auch nur einen entsprechenden Gutschein, z.B. für einen Bastelabend, in die Schachtel legen.
Sicherlich gibt es eine Reihe von Aktionen, die Sie sich schon in den vergangenen Jahren für die Adventszeit vorgenommen haben, zu denen Sie aber aus Zeitmangel nie gekommen sind. Verwirklichen Sie sie in diesem Jahr. Eine feste Reihenfolge gibt es nicht. Entscheidend ist, daß das tägliche Überraschungspaket Freude bereitet.

Feste Termine

An zwei Tagen können Sie Ihre Aktivitäten allerdings nicht verschieben – Barbara und Nikolaus. Für den Barbaratag, den 4. Dezember, packen Sie eine Gartenschere in das Päckchen ein. An diesem Tag schneidet man z.B. Zweige von Apfel- und Kirschbäumen (Tabelle S. 44). Diese Barbarazweige stellt man in Wasser, damit sie zu Weihnachten blühen.

TIP: Klopfen Sie mit einem Hammer unten auf die Zweige, und stellen Sie sie anschließend in heißes Wasser, dann treiben sie besser aus.

Am folgenden Tag, dem Vorabend von Nikolaus, wird jedes Familienmitglied aufgefordert, einen Stiefel vor die Türe zu stellen. Legen Sie zu diesem Zweck einen aus Papier ausgeschnittenen Stiefel mit der entsprechenden Anweisung in das Päckchen.

Zwei Abende mit Stroh

Auch ein gemütlicher Bastelabend gehört zum Advent. Vielleicht wollten Sie schon lange einmal Ihren Weihnachtsbaumschmuck um einige selbstgemachte Stücke, z.B. Strohsterne, ergänzen. Das Herstellen von Strohsternen macht übrigens auch Kindern großen Spaß.

Die Päckchen für diese beiden Tage bestücken Sie entweder mit den nötigen Materialien - nämlich Strohhalmen, Faden und Schere - oder einfach mit einem hübsch beschrifteten Gutschein. Strohhalme bekommen Sie im Bastelgeschäft. Strohsterne gibt es in nahezu jeder erdenklichen Form und Größe. Ihrer eigenen Phantasie sind hier keine Grenzen gesetzt. Anregungen können Sie entsprechenden Bastelbüchern entnehmen.

Sterne aus Gold

Zwei weitere Abende können Sie damit verbringen, Faltsterne aus Goldfolie zu schneiden. Dazu benötigen Sie Schere und Faden. Genaueres zur Falttechnik erfahren Sie ebenfalls in entsprechenden Bastelbüchern.

Kartoffeltage

Langsam wird es Zeit für die Weihnachtspost. Um die Grußkarten selber zu basteln, können Sie wieder auf eine alte Technik zurückgreifen, den Kartoffeldruck. Auch daran kann sich die ganze Familie beteiligen. In den Päckchen des Adventskalenders verstecken Sie diesmal Kartoffeln und Farbe.

Hier ist einiges an Spannung geboten.

Halbieren Sie eine Kartoffel, und schneiden Sie ein weihnachtliches Motiv als Stempel aus. Tragen Sie Finger-, Wasser- oder Stoffdruckfarbe mit einem Pinsel auf den Kartoffelstempel auf, und los geht's.
Mit diesem Verfahren lassen sich auch Weihnachtspapier und Geschenkanhänger herstellen. Natürlich reicht dafür nicht ein einziger Abend. Sie dürfen mehrmals „stempeln" gehen.

Korkenzieherhasel: Die Blätter verstecken die Windungen.

Kulinarische Höhepunkte
Reservieren Sie zwei Tage zum Plätzchenbacken. Veranstalten Sie auch einen Familienabend, und machen Sie es sich mit einem Glas Punsch gemütlich (Rezept S. 21). An einem anderen Abend lassen Sie den Duft von Bratäpfeln durch das Haus ziehen.

Zu Papier gebracht
Was wäre der Advent ohne Wunschzettel? Warum sollen denn an einem Tag nicht alle Familienmitglieder eine Wunschliste schreiben?

Letzte Vorbereitungen
Nehmen Sie sich für einen Tag vor, sich mit Freunden zu treffen und einen Bummel über den Weihnachts-

markt zu machen. Vielleicht möchten Sie auch gerne ein Adventssingen besuchen. Planen Sie einen Tag zum Christbaumkauf ein. Am letzten Abend können Sie noch eine Girlande für den Weihnachtstisch binden. Dann sind alle Schächtelchen geleert. Eine schöne, erlebnisreiche Adventszeit ist zu Ende.

ENTDECKUNGSREISE FÜR DIE SINNE

Ein klein wenig handwerkliches Geschick reicht völlig aus, um den unten abgebildeten Adventskalender herzustellen. Zunächst spannt man moosgrünen Futterstoff über eine Sperrholzplatte. Auf der Rückseite der Platte wird der Stoff mit kleinen Nägeln befestigt. Vier vergoldete Holzleisten werden als Rahmen auf die

Moorbirken: weiße Rinde

Dieser Kalender nimmt Sie mit auf Entdeckungsreise.

Grundplatte geschraubt. Danach spannt man das Gitter aus roten Bändern. Sie werden ebenfalls mit Nägeln befestigt. Zuletzt bringt man noch zwei kräftige Bilderhaken an, um den „Setzkasten" aufzuhängen.

Kalendarium

Das Seidenpapier ist in einem etwas helleren Grünton gewählt als der Futterstoff. Schneiden Sie es in rechteckige Stücke und beschriften es mit Goldstift mit den Zahlen von 1 bis 24. Hinter dem Seidenpapier verbergen sich die Überraschungen. Halt finden die Papiere in den Kreuzungspunkten der Bänder.

Hier stecken auch kleine Zweige von Muschelzypresse (*Chamaecyparis obtusa 'Nana gracilis'*) und Zuckerhutfichte (*Picea glauca 'Conica'*). Sie verstärken den adventlichen Ausdruck.

Sehen – fühlen – riechen

Auch mit dem Inhalt dieser Fächer hat es seine besondere Bewandtnis. Ziel dieses Adventskalenders ist es – ähnlich wie bei dem Adventskalender auf Seite 35 – bestimmte Dinge bewußter zu erfassen.

Schöne „Früchtchen"

Verstecken Sie z.B. Früchte hinter dem Seidenpapier. In der Natur gibt es vielerlei verschiedene Früchte. Sie sehen ganz unterschiedlich aus: schuppig die Zapfen der Nadelbäume, glatt und glänzend die Roßkastanien (*Aesculus hippocastanum*), grobporig die Walnüsse (*Juglans regia*), dünn und zerbrechlich die Früchte von Ahorn (*Acer*) und Robinie (*Robinia pseudoacacia*).

Wer eine dieser Seidenpapiertürchen öffnet, kann die Früchte – im wahrsten Sinne des Wortes – auch begreifen. Die Früchte sehen nämlich nicht nur unterschiedlich aus, sie fühlen sich auch unterschiedlich an. Versuchen Sie einmal, die Früchte zu ertasten.

NIKOLAUS – EIN BISCHOF

Heute liegt die Heimat des Nikolaus in der Türkei. Angeblich hat er die Bewohner der Stadt Myra von einer großen Hungersnot befreit. Am 6. Dezember des Jahres 343 n. Chr. soll er verstorben sein.

Als ungefähr im 10. Jahrhundert die Geschichte des Bischofs in Deutschland verbreitet wurde, hingen viele Menschen noch den überlieferten altgermanischen Sitten zu Weihnachten an. Diese heidnischen Bräuche vermischten sich damals mit der Legende des Nikolaus und christlichen Elementen. Der Brauch des Nikolausabends geht auf diese Zeit zurück. Am Abend des 5. Dezember kommt Nikolaus in Begleitung von Knecht Ruprecht. Letzterer ist auch unter den Namen Krampus oder Knecht Nikolas bekannt. Er gilt als der besiegte Böse. Nun hat Nikolaus zwei Aufgaben zu erfüllen. Die Bösen soll er strafen. Sie bekommen entweder eine Rute, oder – was viel schlimmer ist – sie werden in den Sack gesteckt. In manchen Gegenden treiben die Begleiter des Nikolaus auf den Straßen ihr Unwesen. In solchen Orten geht man möglichst am Abend des 5. Dezember nicht allein aus dem Haus. Für die braven Kinder jedoch bringt Nikolaus gute Sachen in seinem Sack mit.

„Baumschule"
Verstauen Sie auch einige Rindenstücke in dem „Setzkasten". Die Rinde von Bäumen ist so charakteristisch, daß man den Baum ganz leicht daran erkennen kann. Die Rinde der Robinie fühlt sich rauh an, die einer jungen Hängebirke (*Betula pendula*) dagegen sehr glatt.

Im Duftkabinett
Gerade im Advent spielen Düfte eine wichtige Rolle. Es lohnt sich, den Geruchssinn zu sensibilisieren und den Duft einer Zimtstange oder einer Orange einmal bewußt wahrzunehmen. Nehmen Sie ruhig auch eine Nase voll Fichtenduft zu sich.

Goldener Leitfaden
Es ist aber noch nicht damit getan, die einzelnen Gegenstände an goldenen Fäden aufzuhängen und zu verstecken. Sie sollten sich die Mühe machen, einen kleinen Leitfaden beizulegen. Tragen Sie zu jeder Pflanze einige Informationen über Standort, Aussehen und besondere Eigenschaften zusammen. Erwähnen Sie auch, wo die Pflanzen verwendet werden. Das rundet den Adventskalender ab.

ADVENT WIE ER IM BUCHE STEHT

Auch für „Leseratten" gibt es genau den richtigen Adventskalender, nämlich einen zum Lesen (Abb. unten). Für die Eiligen packt man Zitate ein. Das kann entweder ein Bibelwort zur Ankunft Jesu, ein Liedervers oder ein adventlicher Spruch sein. Für den Freund ge-

Als Köcher für Schriftrollen hat sich der Knöterich aufgestellt.

Ersatz: Wiesenbärenklau

mütlicher Stunden, der den Abend bei einem Glas Tee und einer brennenden Kerze genießen möchte, wählt man Kurzgeschichten aus.

TIP: Legen Sie eine kleine Auswahl selbstgebakkener Plätzchen zu Ihrem literarischen Adventskalender.

Im Gänsemarsch

Besorgen Sie sich eine Holzlatte, und streichen Sie sie grün an. Rotes Papier ist im Schreibwarenladen erhältlich.

Den Sachalin-Staudenknöterich (*Reynoutria sachalinensis*) finden Sie am Rand von Feuchtgebieten. Alternativ können Sie auch Wiesenbärenklau (*Heracleum sphondylium*) verwenden. Er ist auf Wiesen und an Wegrändern sehr weit verbreitet. Wie die meisten Stauden sterben Knöterich und Bärenklau im Herbst oberirdisch ab. Ihre Stengel sind hohl und eignen sich hervorragend als Behältnisse für die Zettel.

Herbstlich: Wilder Wein

Sollte sich in Ihrem Garten ein Bambusgewächs stark ausgebreitet haben, das ausgelichtet werden muß, verwenden Sie dieses anstelle von Knöterich und Bärenklau. Seine Stengel sind ebenfalls hohl.

Kürzen Sie die Stengel auf die gewünschte Länge, und befestigen Sie diese mit Heißkleber in einer Reihe auf dem Holzbrett. Achten Sie darauf, daß die untere Schnittstelle möglichst gerade ist. Sonst stehen die Röhrchen schief.

Beschriften Sie die Zettel mit den ausgewählten Texten, rollen Sie sie zusammen, und stecken Sie sie in die Stengel.

Zwei schlanke, hohe Knöterichsprosse setzen kleine Akzente. Einer der beiden trägt trockene Blütenstände. Einige Ahornfrüchte (*Acer*) schauen neugierig aus den Stengeln heraus. Platanenrinde (*Platanus*) liegt zu Füßen des Kalenders. Nüsse und getrocknete Blätter des Wilden Weins (*Parthenocissus quinquefolia*) versprechen einen stimmungsvollen Abend.

Leckere Sterne und Herzen

Vom Reif überraschter Apfelsegen

Hundsrose mit Hagebutten

Tischschmuck für Jung und Alt

Der reinste Augenschmaus

Zu einem guten Essen gehören nicht nur schöne Musik und ein guter Wein, sondern auch ein schön gedeckter Tisch.

Betagter Efeu mit knorrigen Ästen

Zu besonderen Anlässen ist es üblich, den Tisch mit Kerzen und Blumen zu schmücken. Darauf muß sich Tischschmuck aber nicht beschränken. Den Möglichkeiten sind keine Grenzen gesetzt. An dieser Stelle sei noch einmal darauf hingewiesen, daß manche Blätter und Früchte sehr giftig sind (Tabelle S. 10). Achten Sie - vor allem wenn Sie Kinder als Gäste haben - darauf, daß Sie keine giftigen Materialien für den Tischschmuck verwenden.

Die Apfelmännchenfamilie bittet zu Tisch.

FÜNF ROTE ZIPFELMÜTZEN

Erinnern Sie sich noch einmal an den Adventskalender mit den turnenden Nikolausen. Da war ein Tag für Bratäpfel reserviert. Zu diesem Gericht passen hervorragend Apfelmännchen als Tischschmuck. In einer Gruppe wirken die freundlichen Männlein besonders lustig (Abb. S. 43).

Wohl „behütet"

Fertigen Sie zunächst die roten Zipfelmützen. Dazu zeichnet man einen Kreis von etwa 10–15 cm Durchmesser auf rotes Tonpapier. Nehmen Sie dazu den Zirkel oder einen runden Gegenstand

Einfach zugreifen: Die Äpfel laden zum Ernten ein.

TREIBGEHÖLZE

Deutscher Name	Botanischer Name	Blütenfarbe
Felsenbirne	*Amelanchier canadensis*	weiß
Goldglöckchen	*Forsythia x intermedia*	gelb
Kornelkirsche	*Cornus mas*	gelb
Mandelbäumchen	*Prunus triloba*	rosa
Pfirsichbaum	*Prunus persica*	zartrosa
Schlehe	*Prunus spinosa*	weiß
Seidelbast	*Daphne mezereum*	rotviolett
Süßkirsche	*Prunus avium*	weiß
Zierapfel	*Malus domestica*	zartrosa
Zierapfel	*Malus floribunda*	weiß
Zierkirsche, Japanische	*Prunus serrulata*	rosa

Walnuß vor dem „Schlüpfen“

Wer knackt die Nuß?

zu Hilfe. Dann schneidet man den Kreis an einer Stelle bis zum Mittelpunkt ein. Drehen Sie den Kreis zur Spitztüte. Ist der gewünschte Kopfumfang erreicht, müssen nur noch die beiden offenen Kanten verklebt werden.

TIP: Barbarazweige eignen sich gut als zusätzlicher Raumschmuck.

„Kopfnüsse“

Als Köpfe dienen Walnüsse. Stecken Sie der Walnuß an der abgeflachten, schmalen Seite einen Steckdraht der Stärke 14 in den Leib. Er dient später zur Befestigung der Nuß auf dem Apfel. Malen Sie der Nuß mit Bunt- oder Filzstiften ein Gesicht mit Augen, Mund und Nase. Als Nase können Sie auch eine Rosine aufkleben.
Entscheidend für das gute Aussehen der Männlein sind die Haare und der Bart. Sparen Sie deshalb nicht mit der Watte. Während man den Wattebart direkt auf die Walnuß klebt, befestigt man die Haare an der Innenseite der Zipfelmütze. Dann setzt man der Nuß die Mütze auf.
Ein besonderer Gag ist es, wenn Sie die Größe der Apfelmännchen auf die einzelnen Personen „zuschneidern“: Nehmen Sie dickere Äpfel für die Erwachsenen, kleinere dagegen für die Kinder.
Stecken Sie zuletzt den Draht des Nußköpf-

Von Angesicht zu Angesicht

Zweige in fester Reihenfolge anordnen

Kerzen plazieren und Blätter verteilen

chens durch den Blütenansatz in das Fruchtfleisch des Apfels.

Lustige Wegbegleiter

Haben Sie Gäste zu Ihrem Bratapfelessen eingeladen, dann geben Sie jedem einen Apfelmann als Wegbegleiter mit auf den Heimweg. Ihre Gäste werden sich dann auch einige Tage später noch gerne an diesen „duften" Abend erinnern.

TISCHSCHMUCK IM HANDUMDREHEN

Tischschmuck zu fertigen, sieht manchmal schwieriger aus, als es eigentlich ist. Der auf Seite 47 abgebildete Tischschmuck z.B. ist recht einfach herzustellen und dennoch attraktiv.
Auf den ersten Blick sieht das Produkt wie eine Girlande aus, es ist aber keine. Die Fertigung dieses Tischschmucks kostet deshalb auch bei weitem nicht so viel Zeit wie das Binden einer Girlande.

Eibe gibt den Takt an

Schneiden Sie zunächst – wie für eine Girlande – einige Eibenzweige (*Taxus baccata*) zu. Legen Sie die Zweige an der gewünschten Stelle dachziegelartig auf den Tisch. Damit bestimmen Sie bereits jetzt die endgültige Breite des „Schmuckbandes". Auch den Rhythmus geben Sie dadurch schon vor.
Erst die richtige Wahl der Materialien verleiht dem Tischschmuck die adventliche Atmosphäre. Sie sollten nach Möglichkeit auch farblich miteinander harmonieren. Ein farblich abgestimmtes Tischtuch unterstreicht die Wirkung des Tischschmucks noch.
Dunkelrotes Mahonienlaub (*Mahonia aquifolium*) und Schlehenzweige (*Prunus spinosa*) passen sehr gut zur Eibe. Schlehen sind oft interessant gewachsen. Suchen Sie leicht geschwungene und dicht mit Früchten besetzte Zweige aus. Legen Sie beide Arten Grün – wie bei einer Girlande in rhythmischer Reihung – zu der Eibe dazu.

Lichtpunkte und Farbakzente

Positionieren Sie nun die Kerzen. Wählen Sie etwas höhere Stumpenkerzen, die nicht tropfen. Stellen Sie zwei Kerzen einander schräg gegenüber. Diese Anordnung wirkt – vor allem bei einer längeren Tafel –

viel interessanter als einzelne Kerzen.
Legen Sie zuletzt einige getrocknete Blätter des Essigbaums (*Rhus typhina*) dazu. Sie setzen farbige Akzente.

Zum Schluß darf genascht werden
Schmücken Sie den Tischschmuck jetzt noch mit Nüssen Ihrer Wahl. Sie werden in kleinen Gruppen angeordnet. Zu den Nüssen passen auch sehr gut Zimtstangen.
Nach dem Motto „Je später der Abend ..." werden die Nüsse nach und nach immer weniger werden. Aber dazu sind sie ja auch gedacht. An dieser Tafel werden Ihre Gäste sicherlich gerne Platz nehmen.

EIN KORB VOLL ROMANTIK

Besonders stimmungsvoll wirkt der auf Seite 48 abgebildete Tischschmuck. Das macht die Kombination von Seidenkiefer (*Pinus strobus*), Platanenrinde (*Platanus*), Efeuranken (*Hedera helix*) und verschiedenen Nüssen. Hier paßt ein Teil zum anderen. Keine Kerze könnte diese Stimmung besser unterstreichen als eine Bienenwachskerze, noch dazu eine mit Wabenstruktur.

Aus edlem Metall
Metall muß nicht immer kalt wirken. Schlichte Schönheit zeichnet vielmehr diesen Drahtkorb aus. Da er sich nach oben weiter öffnet, erscheint er leicht und luftig. Der Korb hat zudem ein dickes Plus: Das Drahtgitter läßt sich raffiniert dazu nutzen, Pflanzenmaterial darin zu befestigen.

Mahonie mit Früchten

Nüsse geben dem Tischschmuck den letzten Pfiff.

Im Inneren des Geheges
Platanenrinde können Sie z.B. im Park oder am Straßenrand sammeln. Manchmal kann man sie auch nach einem heftigen Sturm auf dem Boden finden.
Allgemein gilt: Wenn Sie mit Rinde arbeiten, dann immer nur mit solchen Stücken, die von selbst vom Baum gefallen sind oder als Abfallprodukt von Waldarbeitern herumliegen.
Schneiden Sie die Rinde nicht vom Stamm. Sie

Das Material für diesen Tischschmuck stammt aus dem Wald.

Platane: gescheckter Stamm

schützt – ähnlich wie die Haut den Menschen – den Baum vor äußeren Einflüssen.
Platanenrinde hat viele Farbnuancen. Die grau- bis gelbbraune Borke blättert in unregelmäßigen, großen Stücken ab. Dadurch wirken die Baumstämme gescheckt.
Wegen ihrer Formenvielfalt ist Platanenrinde geradezu ideal zur Ausgestaltung des Drahtkorbs. Wenn Sie behutsam mit der Rinde umgehen, läßt sie sich etwas biegen. Deshalb ist es auch recht einfach, die Rinde im Boden des Drahtkorbs zu verankern.
Setzen Sie anschließend die Zweige der Seidenkiefer in die „Landschaft" aus Rinde. Den Boden des Drahtkorbs bedeckt eine Mischung aus Nüssen.

Das Tüpfelchen auf dem i

Der letzte Handgriff dieser Arbeit besteht darin, die Efeuranken um den Korb zu schlingen. Auch um sie zu befestigen, ist das Drahtgitter gerade recht. Die Efeuranken verbinden den Drahtkorb stärker mit seiner organischen Füllung.

DER WEG NACH BETHLEHEM

Nicht immer sind es die großen Dinge, die beeindrucken. Auch ein bescheidenes Wesen kann die Herzen erobern, so wie der unten abgebildete Tischschmuck. Er besticht durch seine schlichte Klarheit, die die beiden roten Spitzkerzen noch verstärken.

Schlehe mit Früchten

Ein steiniger Weg

Für diesen Tischschmuck benötigen Sie einen Zweig der Hundsrose (*Rosa canina*) und der Schlehe (*Prunus spinosa*). Die beiden Zweige liegen ohne jegliche technische Hilfsmittel lose auf dem Tischtuch. Sie stützen sich lediglich mit einem leicht zur Seite gebeugten Zweiglein auf dem Tisch ab. Nur die beiden Spitzkerzen geben dem Arrangement durch ihre klare Form optischen Halt.

Zwei Kerzen beleuchten den steinigen Weg.

Flache Steine markieren einen Weg. Wichtigster Wegbegleiter ist die Muschelzypresse (*Chamaecyparis obtusa 'Nana gracilis'*). Legen Sie sie zwischen das Gestein. Die Muschelzypresse ist hier ein Symbolträger. Sie steht für die Zypressen, die die Landschaft Israels prägen. Auch die Weinrebe steht in bezug zu Jesus. Was liegt also näher, als einige getrocknete Blätter des Wilden Weins (*Parthenocissus quinquefolia*) an den Wegrand zu legen? Auch Blätter des Essigbaums (*Rhus typhina*) säumen den Weg.

TIP: Reichen Sie passend zu diesem Tischschmuck ein Glas Schlehenlikör oder Schlehenwein.

TISCHSCHMUCK ZUR ENTE

Eine besonders ausgefallene Idee ist es, den Tisch speziell zu einem weihnachtlichen Gericht oder Menü zu decken, also den Tischschmuck auf das Essen abzustimmen. Die Weihnachtsgans ist als Festtagsessen geradezu legendär. Doch Gänse sind meist große Vögel und als Portion oft zuviel. Ihre Verwandte, die Ente, ist kleiner und auch bekömmlicher.

Die einzelnen Gänge des Menüs sollen sich im Tischschmuck widerspiegeln, das heißt, er setzt sich aus einigen der verwendeten Zutaten oder Beilagen zusammen (Abb. rechts).

Nicht zum Verzehr geeignet

Wählen Sie eine dem festlichen Dinner angemessene Unterlage aus, so wie diese blaue Keramikschale mit Goldrand. Blau stellt den Bezug zum Wasser her, Gold veredelt.
Den Mittelpunkt dieses Arrangements stellen die Entenflügel dar. Arrangieren Sie sie einander gegenüberliegend in der Schale.
Für gewöhnlich reicht man Rotkohl - in Süddeutschland nennt man ihn auch Blaukraut - als Beilage zur Ente. Legen Sie deshalb einen rohen Kohlkopf zwischen die Flügel. Damit er auf dem Transport zum Tisch nicht wegrollt, befestigt man ihn mit Heißkleber.
Der Rotkohl allein ist aber noch zu wenig. „Garnieren“ Sie ihn mit einer Portion Rosenkohl. Er tummelt sich in unterschiedlich großen Gruppen am Grund der Schale.
Ein weiterer Bestandteil des Tischschmucks ist von der Gans „gestohlen“: Die klas-

Der Tischschmuck läßt Spekulationen auf das Menü zu.

Kohl – aus dem Bauerngarten frisch auf den Tisch

sische Füllung einer Gans enthält Maronen, also Eßkastanien. Mogeln Sie für die Entendekoration einfach einige dieser schönen Früchte zu dem Kohl dazu. Wie bei dem Rosenkohl ist es auch bei den Eßkastanien ratsam, sie in kleinen Gruppen anzuordnen. Streuen Sie auch einige Kastanien auf den Tisch. Sie runden das Bild ab.

TIP: Der Entenschmuck läßt sich ohne große Mühe in einen Gänseschmuck verwandeln.

Der krönende Abschluß

Die Krönung eines guten Mahls ist ein leckeres Dessert. Das Entenmenü schließt mit einer Brombeercreme. Das Arrangement nimmt diese Gangfolge auf: Brombeerranken (*Rubus fruticosus*) winden sich um die Schale und den Rotkohl. Sie nehmen dem Arrangement etwas von seiner Strenge.

GEFÜLLTER GÄNSEBRATEN

Zutaten für 6 Personen:

1 Gans (4,5–5 kg)
Salz
Pfeffer
100 g Weißbrot ohne Rinde
1/8 l Milch
100 g Butter
1 Schalotte
1 Zwiebel
2 Hähnchenlebern
1 Gänseleber
2 cl Weinbrand
150 g Räucherspeck
1 Bund Petersilie
5 Salbeiblätter
geriebene Muskatnuß
1 Ei
600 g säuerliche Äpfel

Zubereitung:

Die Gans innen und außen mit Salz und Pfeffer einreiben. Für die Füllung das Weißbrot in Milch einweichen. In einer Pfanne 50 g Butter zerlassen, Schalotte und Zwiebel schälen, fein würfeln und darin weich dünsten. Die Lebern waschen, abtupfen und grob würfeln. In die Pfanne geben und kurz anbraten. Mit Weinbrand ablöschen. Die Masse durch ein Sieb passieren. Das Weißbrot ausdrükken und untermengen. Vom Speck zwei große, möglichst dünne Scheiben abschneiden. Den Rest durch den Fleischwolf drehen und zur Lebermischung geben. Petersilie und Salbei hacken und dazugeben. Mit Muskatnuß, Salz und Pfeffer kräftig würzen. Dann das Ei mit einem Löffel unterrühren, bis eine glatte Farce entstanden ist. Die Äpfel schälen, vierteln und die Kerngehäuse entfernen. Die Viertel in Scheiben schneiden und in einem Topf in etwas Butter nicht ganz weich dünsten. Ebenfalls unter die Leberfarce mischen.
Die vorbereitete Gans mit dieser Mischung füllen.
Brust und Keulen mit den Speckscheiben belegen, dressieren. In einen großen Bräter legen. Die übrige Butter zerlassen und über die Gans träufeln.
Bei 200 °C insgesamt etwa 3 Stunden braten, die erste Hälfte zugedeckt, später offen. Zwischendurch häufig mit dem sich bildenden Fond übergießen.
Die Gans im Ofen warm stellen. Den Fond in einen kleinen Topf umfüllen, das Fett abschöpfen und abschmecken. Zusammen mit der Gans servieren.

Fernab vom Weihnachtstrubel

Blaufichte:
edle Konifere

Persönliche Note: selbst gebastelter Christbaumschmuck

Pflanzenarrangements für den Advent

Pflanzen in „feiner" Gesellschaft

Nicht nur zu Kränzen oder Girlanden verarbeitet, auch in Schalen gepflanzt oder schön dekoriert können Pflanzen adventliche Atmosphäre verbreiten.

Ölbäume prägen die Landschaft Israels.

Farbtupfer: Lampionblume

In vielen Ländern ist es Brauch, zu Weihnachten einen Baum zu schmükken. Im klassischen Fall ist das ein Tannenbaum, oft ist es eine Fichte oder eine Kiefer. Aber auch ganz andere Pflanzen kann man schmücken, und das schon lange vorher, im

Blickfang: geschmückte Buchspyramide

Weihnachtsstern am natürlichen Standort

Advent. Um sich auf Weihnachten einzustimmen, eignen sich genausogut Pflanzungen verschiedenster Art.

PFLANZUNG MIT WEIHNACHTSSTERN

Inbegriff der Adventszeit

Genausowenig wie Stollen, Lebkuchen und Punsch aus der Vorweihnachtszeit wegzudenken sind, genausowenig kann auch auf den Weihnachtsstern (*Euphorbia pulcherrima*) verzichtet werden. Keine andere Pflanze wird so eng mit dieser Zeit verbunden wie er. Zur Verkaufssaison um Weihnachten wird er alljährlich in großen Mengen herangezogen.
In seiner mexikanischen Heimat kann der Weihnachtsstern eine Höhe von mehr als 3 Metern erreichen. Das Wolfsmilchgewächs trägt leuchtend rote Hochblätter. Zuchtformen gibt es auch mit weißen, gelben oder rosafarbenen Hochblättern. Die eigentlichen Blüten sind dagegen unscheinbar.

Für Feuchtigkeit sorgen

Pflanzungen mit Weihnachtssternen - wie die auf Seite 55 - sind sehr attraktiv. Bevor Sie richtig beginnen können, sind einige Vorbereitungen zu treffen. Besorgen Sie sich zunächst Blumenerde. Sollte das Substrat zu trocken sein, feuchten Sie es schon vor dem Pflanzen an. Auch die Pflanzen sollen feucht sein. Gießen Sie sie, wenn nötig, oder tauchen Sie den Wur-

Die erste Pflanze vorsichtig plazieren

Mit der dritten den Kreis schließen

zelballen kurz in Wasser und lassen ihn Feuchtigkeit ziehen.
Suchen Sie beim Kauf der Pflanzen möglichst schön gewachsene und kräftige Exemplare aus. Wenn Sie - wie in dieser Pflanzung - mehrere Weihnachtssterne verwenden, sollten Sie besonders darauf achten, daß die Pflanzen eine ähnliche „Figur" und Höhe haben.

Das richtige Augenmaß
Füllen Sie zuerst eine geeignete Schale ungefähr zu drei Vierteln mit Erde. Dadurch lassen sich die Weihnachtssterne gleich an dem für sie bestimmten Platz fixieren. Wenn Sie - wie hier - ein rundes Gefäß mit Weihnachtssternen bestücken möchten, ordnen Sie diese symmetrisch an. Damit die Pflanzung eine „runde Sache" wird, verwenden Sie drei Pflanzen. Vermeiden Sie es, Pflanzen in einem runden Gefäß als Rechteck anzuordnen. Dadurch entsteht eine Diskrepanz zwischen Pflanzung und Gefäßform.
Um die Weihnachtssterne auszutopfen, nehmen Sie den Topf in die rechte Hand. Stellen Sie die Pflanze auf den Kopf, und stoßen Sie den oberen Topfrand gegen die Tischkante. Damit die Pflanze nicht aus dem Topf purzelt, hält die linke Hand

Die Zwischenräume mit Efeu bepflanzen

den Wurzelballen fest.
Hat sich der Topf gelöst, nimmt man die Pflanze in die linke Hand und bereitet mit der rechten das Pflanzloch vor. Plazieren Sie den Weihnachtsstern, und drehen Sie ihn mit der „Schokoladenseite" nach außen. Beim Einpflanzen muß der Wurzelballen rundum mit Erde umgeben werden. Alle Wurzeln müssen von Substrat bedeckt sein.
Verfahren Sie mit dem zweiten und dritten Weihnachtsstern genau wie mit dem ersten. Halten Sie die Abstände zwischen den Pflanzen möglichst gleich groß.

Efeu zur Untermalung
Wenn Sie möchten, dann können Sie die Pflanzung so lassen, wie sie jetzt ist. Sie können aber auch noch den Rand der Schale bepflanzen. Fügen Sie z.B. drei Efeupflanzen (*Hedera helix*) ein.
Für Pflanzen bedeutet Umtopfen eine Umstellung. Sie gewöhnen sich nur sehr langsam an eine neue Umgebung. Achten Sie deshalb darauf, daß die Wurzelballen des Efeus genauso feucht sind, wie es die Erde in der Pflanzschale ist.
Gehen Sie beim Einpflanzen des Efeus in der gleichen

Im Süden heimisch: Orangen

Weise vor wie bei den Weihnachtssternen. Plazieren Sie den Efeu in den Zwischenräumen der Weihnachtssterne. Umgeben Sie die Wurzelballen beim Einpflanzen rundum mit reichlich Erde.

Ein Rand zum Gießen

Es reicht nicht aus, die Pflanzen vorher zu gießen und das Substrat anzufeuchten. Auch das fertige Arrangement muß angegossen werden. Dadurch verbindet sich die Erde besser mit den Wurzeln.
Damit problemlos gewässert werden kann, sieht man beim Pflanzen einen Gießrand vor, das heißt, das Substrat wird nicht höher als 2 cm unterhalb des

Zitronen: sehr erfrischend

Schalenrandes eingefüllt. Säubern Sie das Gefäß zum Schluß noch.

Aus Fehlern lernen

Die Erde in Pflanzschalen wird gerne mit Plattenmoos, also mit kleinen Moospolstern, abgedeckt. Das sieht zwar hübsch aus. Aber Vorsicht: Sobald das Moos austrocknet, wird es unansehnlich. Deshalb neigt man dazu, häufiger zu gießen. Dabei wird eines oft nicht berücksichtigt: Das Substrat im Gefäß wird zu naß, und die Pflanzen haben ständig nasse „Füße“. Das führt dazu, daß die Wurzeln zu faulen beginnen und die Pflanzen schließlich absterben.
Gerade in der Vorweihnachtszeit ist es verlockend, Moos als Stimmungselement einzusetzen. Denken Sie dann aber daran, Ihre Pflanzen nicht zu oft zu wässern.

GRUSS AUS DEM SÜDOSTEN

Heißen Sie Ihre Gäste einmal nicht mit einem Türkranz

Der Zickzackstrauch hat Parallelen zum Olivenbaum.

oder einer Girlande, sondern mit einer Pflanzung – wie der auf Seite 56 abgebildeten – willkommen. Der Zickzackstrauch (*Corokia cotoneaster*) verleiht ihr ein orientalisches Flair. Auf den ersten Blick ähnelt der Strauch nämlich stark einem Olivenbaum (*Olea europaea*), vor allem die „ausgewachsene" Pflanze, und ist daher ein idealer Ersatz für ihn.
Dazu passen eine Fittonie (*Fittonia*) und eine rotblühende Skimmie (*Skimmia*) sehr gut. Pflanzen Sie beide zu Füßen des Zickzackstrauchs in eine schöne Blumenschale, und vervollständigen Sie das Arrangement mit etwas Rinde. Die Pflanzen sind in Gärtnereien erhältlich.

Winterliche Momente rustikal eingestimmt

WINTERLICHE „LANDSCHAFT"

Auch die oben abgebildete Pflanzung können Sie vor die Haustüre stellen. Sie können sie aber auch in der Wohnung plazieren. Sie wirkt sehr natürlich – fast wie eine kleine Landschaft. Blickfang ist die dicht mit weißen Beeren besetzte Torfmyrte (*Pernettya*). Von weitem sieht es fast so aus, als sei Schnee gefallen. Drei unterschiedlich große Buchspflanzen (*Buxus sempervirens*) geben den Ton dieser Pflanzung an. Ihnen muß sich auch die Torfmyrte unterwerfen. Der Zitronenthymian (*Thymus* x *citrodorus*) mit seinen gelbgrünen Blättchen fügt sich hervorragend in die Pflanzengemeinschaft ein. Zudem schadet eine Portion Duft auch in einer Pflanzung nicht. Eine knorrige, mit Moos bewachsene Wurzel unterstreicht den natürlichen Charakter.

TIP: Ähnlich wie den Zickzackstrauch können Sie auch ein Orangen- (*Citrus sinensis*) oder ein Zitronenbäumchen (*Citrus limon*) arrangieren.

ZWERGMISPEL AUF „STELZEN"

Andere Länder, andere Sitten: In England stellt man nicht ein Nadelgehölz, sondern eine Mispel (*Mespilus germanica*) als Weihnachtsbaum auf. Die Mispel ist ein mitunter dorniger Baum oder Strauch und wird bis zu 6 Meter hoch. Sie ist nicht zu verwechseln mit

Pflanzung mit Zwergmispel

der Mistel (*Viscum album*), die als Halbschmarotzer auf Laubbäumen lebt.
Cotoneaster - auch Zwergmispel genannt - ist nahe mit der Mispel verwandt: Sie gehören beide zur Familie der Rosengewächse. Warum also nicht fremde Bräuche aufgreifen und ein vorweihnachtliches Arrangement mit *Cotoneaster* pflanzen (Abb. links)? Auf „Stelzen" gelingt es der Zwergmispel leichter, ihre Schönheit ins rechte Licht zu rükken. Setzen Sie noch einen *Cotoneaster* und zwei Skimmien (*Skimmia*) dazu. Beide tragen ähnliche rote Beeren. Sie bringen Farbe in die Pflanzung.
Auch Wurzeln sind eine gute Ergänzung. Oft sind sie interessant gewachsen und wirken sehr dynamisch. Diese Pflanzengemeinschaft ist, was den Standort betrifft, nicht besonders anspruchsvoll. Sie verträgt auch niedrigere Temperaturen. Im Gegenteil: Heizen Sie den Pflanzen auf keinen Fall zu sehr ein, denn das mögen sie nicht.

PYRAMIDE MIT LAMPIONS

Der Form- und Figurenschnitt des Buchsbaums (*Buxus sempervirens*) hat eine lange Tradition. Für das Arrangement auf Seite 53 benötigen Sie einen pyramidenförmig zugeschnittenen Buchsbaum - erhältlich in Gärtnereien und Baumschulen. Umspinnen Sie das Bäumchen mit einem dünnen Kupferdraht. In dem Draht finden die Schmuckelemente leicht Halt.
Früchte der Lampionblume (*Physalis alkekengi*) und Blätter des Essigbaums (*Rhus typhina*) machen sich in der Buchspyramide ausnehmend gut. Damit das Arrangement auch einen Transport gut übersteht, befestigen Sie Früchte und Blätter zur Sicherheit mit Heißkleber.

Adventlich: mit Kordel veredelte Zeder

ZEDER – NATÜRLICHE SCHÖNHEIT

Die Himalajazeder (*Cedrus deodara*) ist - wie der Name schon sagt - ursprünglich im westlichen Himalaja beheimatet. Sie wurde in Mitteleuropa eingebürgert und gedeiht hier vor allem in milden Lagen. Charakteristisch für die Himalajazeder sind ihr nickender Gipfeltrieb und die nach unten hängenden Zweigspitzen. Ihre blaugrünen Nadeln sind lang und weich.
Die Himalajazeder ist auch ohne zusätzlichen Schmuck sehr schön. Sie bedarf nur wenig Nachhilfe, um vorweihnachtlich zu wirken (Abb. S. 58). Schlängeln Sie eine weinrot-gold gedrehte Kordel um den Stamm der Zeder, und binden Sie sie am Fuß der Pflanze zu einer großzügigen Schleife. Sie befestigt gleichzeitig den Stab, der die Zeder stützt, am Stamm.

Pflanzen Sie auf der gegenüberliegenden Seite der Schleife einen Efeu (*Hedera helix*) ein. Die überhängenden Ranken sorgen dafür, daß der Blumentopf besser in das Arrangement einbezogen wird. Legen Sie Baumpilze auf die Erde. Sie wirken sehr dekorativ. Vergoldete Salalblätter - ein Bindegrün für Schnittblumen - setzen einige Glanzpunkte.
Für die Pflege der Himalajazeder gilt dasselbe wie für die Mispel: Sie stellt keine sehr hohen Ansprüche an ihren Standort. Er darf nur nicht zu warm sein. Dann werden Sie noch lange Freude an der Pflanzung haben.

ORANGEN UND ANDERE DÜFTE

Was wäre der Advent ohne Düfte? Gespickte Orangen sind – übrigend auch für Kinder – ganz leicht anzufertigen. Stecken Sie einfach Nelken rundherum in die Schale. Gespickte Orangen sehen aber nicht nur schön aus, sie erfüllen auch den ganzen Raum mit ihrem würzigen Aroma. Hängen Sie sie einfach an einer Kordel auf.
Wenn Sie den Orangen noch mehr adventliche Düfte mitgeben möchten, können Sie noch einige Zimtstangen hinzufügen. Arrangieren Sie Ihre duftenden Schätze dazu auf einem schönen Teller. Falls die Stangen zu lang sind, brechen Sie sie mit den Fingern durch. An diesem Duftpotpourri können Sie sich den ganzen Advent über erfreuen.

Natürliche Düfte können sich durchaus auch sehen lassen.

LITERATUR

Aas, G., Riedmiller, A.: GU Naturführer Bäume. Gräfe und Unzer, München 1995.

Aichele, D., Schwegler, H.-W.: Welcher Baum ist das? Franckh-Kosmos, Stuttgart 1992.

Holl, S.: Weihnachtsfloristik. Frechverlag, Stuttgart 1994.

Humphries, C. J., Press, J. R., Sutton, D. A.: Der Kosmos-Baumführer. Franckh-Kosmos, Stuttgart 1990.

Jelovcan, C.: Floristik für Advent und Weihnachten. Christophorus, Freiburg 1996.

Kempe, M.: Phantasievolle Advents- und Weihnachtsdekorationen. Englisch Verlag, Wiesbaden 1996.

Kremer, B. P.: Welches Blatt ist das? Franckh-Kosmos, Stuttgart, 1989.

Kremer, B. P.: Bäume. Franckh-Kosmos, Stuttgart, 1992.

Phillips, R.: Kosmos-Atlas Bäume. Franckh-Kosmos, Stuttgart, 1992.

Witt, R.: Wildsträucher und Wildrosen. Franckh-Kosmos, Stuttgart, 1995.

Wörner, C.: Floristik für Advent und Weihnachten. Naturbuch, Augsburg 1996.

Alle abgebildeten Werkstücke sind Kreationen der Autorin. Sie fertigte sie eigens für dieses Buch selber an.

REGISTER

IMPRESSUM

Umschlaggestaltung von Atelier Reichert, Stuttgart.
Umschlagvorderseite: Adventskranz (Schatter), Nikolaus (Illustration: Rost).
Umschlagrückseite: Türgirlande (Schatter), Efeufrüchte (Borstell).
Klappe außen: Adventskalender (Schatter).
Klappe innen: Illustration von J.-Chr. Rost.

Mit 115 Farbfotos, 12 Farbillustrationen und 1 Schwarzweißfoto.

Die Bilder auf Seite 1 zeigen Hartriegel, Schuppenkarde und Bucheckern (v. l. n. r.).

Die Deutsche Bibliothek – CIP-Einheitsaufnahme

Linse, Hannelore:
Adventsschmuck aus der Natur / Hannelore Linse. – Stuttgart : Franckh-Kosmos, 1997
ISBN 3-440-07285-1

ISBN 3-440-07285-1
Lektorat: Angelika Holdau
Grundlayout: Atelier Reichert, Stuttgart
Gestaltung: Gisela Dürr, München
Satz: ad hoc! Typographie, Ostfildern
Printed in Italy/Imprimé en Italie
Druck und Buchbinder: Printer Trento S. r. l., Trento

BILDNACHWEIS

Farbfotos von A. Bärtels (S. 6 ol, 56 ol), U. Borstell (S. 33 o), CMA, Bonn (S. 21, 51), J. de Cuveland (S. 11 M, 20 u, 38 o, 42 o), Fotodienst Fehn (S. 59), H. E. Laux (S. 34 ul), A. Limbrunner (S. 20 M, 42 M, 49 o), W. Müller (S. 5 o, 13, 24 M, 25 ol, M, 33 M, 52 ur), W. H. Müller (S. 4 ul, ur, 52 o), M. Pforr (S. 12 M, 16 or, 22, 45 M, 48 u, 52 ul), H. Reinhard (S. 2 o, 26, 27 o, 41 ol, 44 o, 45 o, 50 u, 53 ul), Chr. Reiter (S. 24 o), R. Roppelt, Sahara Werbeagentur (S. 8 o, 9, 11 u, 14 ol, or, 15 ol, or, u, 17 o, u, 42 u, 43 or), A. Schatter (S. 2 u, 3, 8/9, 10, 12/13, 19 o, u, 20 o, 23, 24/25, 28, 29, 32 o, 33 u, 35, 38 u, 40, 41 u, 43 u, 44 u, 45 u, 46 ol, or, 47 u, 48 o, 49 u, 50 o, 53 r, 54 ul, ur, 55, 56 ur, 57, 58 l, o), P. Schönfelder (S. 16 ol, 53 M, 54 o), G. Synatzschke (S. 4 o, 32 u, 37), O. Willner (S. 47 o), W. Willner (S. 1 l, M, r, 5 u, 6 or, 7, 11 ol, 27 M, 34 ur, 43 ol), K. Wothe (S. 6 M, u, 11 or, 12 ul, 17 M, 25 or, 41 or, 56 or).

Farbillustrationen von J.-Chr. Rost (S. 14, 18, 22/23, 26, 26/27, 28/29, 31, 36/37, 39).

Schwarzweißfoto von der Staatl. Landesbildstelle, Hamburg (S. 12 o).

Extra

SAMMELKALENDER

Deutscher Name	Botanischer Name	Sammelzeit
Bindegrün		
Atlaszeder	*Cedrus atlantica 'Glauca'*	Nov.
Blaufichte	*Picea pungens 'Glauca'*	Nov.
Buchsbaum	*Buxus sempervirens*	Nov.
Eibe	*Taxus baccata*	Nov.
Fichte, Serbische	*Picea omorika*	Nov.
Muschelzypresse	*Chamaecyparis obtusa 'Nana gracilis'*	Nov.
Nordmannstanne	*Abies nordmanniana*	Nov.
Säulenwacholder, Blauer	*Juniperus squamata 'Blue Star'*	Nov.
Scheinzypresse, Lawsons	*Chamaecyparis lawsoniana*	Nov.
Schwarzkiefer	*Pinus nigra*	Nov.
Seidenkiefer	*Pinus strobus*	Nov.
Wacholder, Gemeiner	*Juniperus communis*	Nov.
Wacholder, Weißblauer	*Juniperus squamata 'Meyeri'*	Nov.
Waldkiefer	*Pinus sylvestris*	Nov.
Weißtanne	*Abies alba*	Nov.
Zuckerhutfichte	*Picea glauca 'Conica'*	Nov.
Blätter		
Ahorn	*Acer* spec.	Sept.-Nov.
Brombeere	*Rubus fruticosus*	Nov.
Efeu	*Hedera helix*	Nov.
Essigbaum	*Rhus typhina*	Sept.-Okt.
Fächerahorn	*Acer palmatum*	Sept.-Okt.
Ginkgo	*Ginkgo biloba*	Sept.-Nov.
Mahonie	*Mahonia aquifolium*	Nov.
Perückenstrauch	*Cotinus coggygria*	Okt.-Nov.
Scharlacheiche	*Quercus coccinea*	Sept.-Nov.
Weinrebe	*Vitis vinifera*	Nov.
Wilder Wein	*Parthenocissus quinquefolia*	Sept.-Nov.
Blüten		
Hortensie	*Hydrangea* spec.	Sept.-Nov.
Früchte		
Ahorn	*Acer* spec.	Aug.-Sept.
Apfelbaum	*Malus domestica*	Okt.-Nov.
Efeu	*Hedera helix*	Nov.
Eßkastanie	*Castanea sativa*	Sept.-Okt.
Haselstrauch	*Corylus avellana*	Sept.-Nov.
Lampionblume	*Physalis alkekengi*	Aug.-Sept.
Robinie	*Robinia pseudoacacia*	Sept.-Okt.

Extra

SAMMELKALENDER

Deutscher Name	Botanischer Name	Sammelzeit
Roßkastanie	*Aesculus hippocastanum*	Sept.-Nov.
Rotbuche	*Fagus sylvatica*	Sept.-Okt.
Walnußbaum	*Juglans regia*	Sept.-Okt.
Ranken		
Brombeere	*Rubus fruticosus*	Nov.
Efeu	*Hedera helix*	Nov.
Waldgeißblatt	*Lonicera periclymenum*	Nov.
Waldrebe	*Clematis vitalba*	Nov.
Weinrebe	*Vitis vinifera*	Nov.
Rinde		
Hängebirke	*Betula pendula*	Okt.-Nov.
Moorbirke	*Betula pubescens*	Okt.-Nov.
Platane	*Platanus* spec.	Okt.-Nov.
Sproß		
Sachalin-Staudenknöterich	*Reynoutria sachalinensis*	Sept.-Okt.
Wiesenbärenklau	*Heracleum sphondylium*	Sept.-Okt.
Zapfen		
Atlaszeder	*Cedrus atlantica 'Glauca'*	Aug.-Sept.
Blaufichte	*Picea pungens 'Glauca'*	Sept.-Okt.
Fichte, Gemeine	*Picea abies*	Sept.-Okt.
Fichte, Serbische	*Picea omorika*	Aug.-Okt.
Lärche, Japanische	*Larix kaempferi*	Sept.-Okt.
Schwarzkiefer	*Pinus nigra*	Aug.-Okt.
Seidenkiefer	*Pinus strobus*	Aug.-Okt.
Waldkiefer	*Pinus sylvestris*	Aug.-Okt.
Zuckerhutfichte	*Picea glauca 'Conica'*	Aug.-Nov.
Zweige		
Haselstrauch	*Corylus avellana*	Aug.-Okt.
Hundsrose (mit Früchten)	*Rosa canina*	Sept.-Okt.
Korkenzieherhasel	*Corylus avellana 'Contorta'*	Nov.
Pfaffenhütchen (mit Früchten)	*Euonymus europaeus*	Okt.-Nov.
Schlehe (mit Früchten)	*Prunus spinosa*	Nov.
Schwarzerle (mit Früchten)	*Alnus glutinosa*	Okt.-Nov.
Stechpalme (mit Früchten)	*Ilex aquifolium*	Nov.
Trauerweide	*Salix alba 'Tristis'*	Nov.
Weißdorn (mit Früchten)	*Crataegus* spec.	Okt.